UNIVERSITÉ DE FRANCE. — ACADÉMIE DE RENNES.

FACULTÉ DE DROIT.

THÈSE POUR LA LICENCE.

JUS ROMANUM .... De Dolo malo.

DROIT FRANÇAIS. { CODE NAPOLÉON...... Du Dol et de la Fraude.
{ CODE DE COMMERCE... De la Banqueroute frauduleuse.

Cette thèse sera soutenue le lundi 27 novembre 1854, à deux heures,

Par M. CAROUGE (Ernest-Urbain),

Né à Saint-Malo.

Examinateurs,

MM. GOUGEON, DE CAQUERAY, professeurs ; GRIVART, BLONDEL, suppléants provisoire.

RENNES,

IMPRIMERIE DE CHARLES CATEL ET Cie,
rue du Champ-Jacquet, 25.

1854

À mon Père et à ma Mère.

JUS ROMANUM.

De Dolo malo.

PROEMIUM.

Proposita in jure actoris postulatione et rei contradictione, vel etiam antequam proponantur, evenit aliquando ut actor stricto jure nullam actionem habeat eamque amiserit, quam tamen ex aliqua causa ei restitui æquum sit : vel contra ut, eodem summo jure inspecto, actionem quidem habeat sed adversus eum quem æquitatis ratio in integrum restituere debet.

Est autem restitutio in integrum actio rescisoria qua res vel jus quolibet nobis restituitur. Cujus restitutionis in integrum in edicto prætoris septem sunt propositæ causæ, metus, dolus, minor ætas, status mutatio, absentia necessaria, alienatio judicii mutandi causa facta et justus error.

Secunda causa ex qua prætor restitutionem in integrum pollicetur est dolus malus. Cujus restitutionis seu actionis origo a Gallo Aquilio repetenda est, ante quem nullum circumscriptis remedium competebat.

Non fuit autem contentus prætor dolum dicere, sed adjecit malum quoniam veteres dolum etiam bonum dicebant et pro solertia hoc nomen accipiebant : maxime si adversus hostem latronemve quis machinetur.

Dolus bonus neque actionem neque exceptionem parit, ideo tantum de dolo malo agendum est.

Dolum malum Servius quidem ita definiit : machinationem quamdam alterius decipiendi causa cum aliud simulatur et aliud agitur. Si ista de-

finitio vera est ex omni vita simulatio dissimulatioque tollenda est , ita,
nec ut emat melius nec ut vendat quicquam simulabit aut dissimulabit vir
bonus. Labeo autem : Posse et sine simulatione id agi ut quis circumve-
niatur ; posse et sine dolo malo aliud agi , aliud simulari, sicuti faciunt
qui per hujusmodi dissimulationem deserviant et tuentur vel sua vel aliena;
Itaque ipse sic definiit :

Dolum malum esse omnem calliditatem , fallaciam , machinationem ad
circumveniendum, fallendum, decipiendum alterum adhibitam, et Ulpianus
Labeonis definitionem veram esse ait.

Strictum jus dolum malum cautum non habebat , hoc tantum agebatur
an tradiderit, an promiserit, an acceptilationem fecerit , non quidem quo
modo traditio, promissio , acceptilatio facta sint , sed prætor, edicto quo
tractatur adversus varios et dolosos qui aliis offuerunt calliditate quadam
subvenit, ne vel istis malitia sua sit lucrosa vel istis simplicitas damnosa.

Itaque actio de dolo malo et exceptio doli mali introductæ sunt a prætore, de actione primo videatur, postea de exceptione.

TITULUS PRIMUS.

Actio de Dolo malo.

Inst., lib. IV, tit. 6, § 31. — Dig., lib. IV, tit. 3.

Actio de dolo est actio personalis, prætoria, arbitraria , qua qui alium
circumscripsit vel rem in pristinum statum restituere cogitur, vel in id
quod interest damnatur.

Hæc actio contra dolosum datur, non contra eum qui possessionem rei
fraudulosæ habet, sicut esset in actione quod metus causa, ita : Deceptus
Lucii Titii dolo , fundi Corneliani mancipationem Mœvio feci, de dolo
malo contra Titium agam, non contra Mœvium. Etenim hoc prætoris edictum in personam dicitur dum in rem appellatur in actione quod metus
causa. Hujus differentiæ ratio facile invenitur quia metus habet in se igno-
rantiam, nam diligentissimus non metum vitare dolum autem potest.

Quibusdam personis non dabitur , ut puta liberis vel libertis adversus parentes patronosve eorum, cum sit famosa, nec humili adversus eum qui dignitate excellit debet dari : puta, plebeio adversus consularem receptæ auctoritatis , vel luxorioso atque prodigo aut alias vili adversus hominem vitæ emendatioris et ita Labeo.

Quod actum est doli mali imperio valet jure civili : Receptum est enim coactam voluntatem esse voluntatem , itaque actor non est in judicio ut declaretur promissionem abesse sed illam esse vitiosam, obligationem fatetur valere, sed petit rescisionem.

Actio de dolo malo est in personam, quo ad jus, et quo ad formulam. Quo ad jus, sicut supra dictum est, actor dicit se non dominum fundi mancipati quia mancipationem veram confitetur sed creditorem esse dolosiri, quo ad formulam, in intentione cujus nomen debitoris scribi debet, debitoris, id est, dolosi.

Est in factum composita et prætoria ; hac actione intenditur non suum esse aliquid aut sibi dare oportere, sed initio formulæ, nominato eo quod factum est, adjiciuntur ea verba per quæ judici damnandi absolvendive potestas datur, qualis est formula : Recuperatores sunto. Si paret fundum Cornelianum, dolo malo L. Titii circumveniente, mancipatum fuisse, Lucium Titium Numero Negidio Sestertium X millia condemnanto, si non paret absolvento.

Pœnalis est, sed tantum contra dolosum ; pœnalis actio vulgo pœnam parit contra condemnatum et lucrum victori, actio de dolo non venit actori in lucro, ita : ago contra Titium, hominem dolosum, quia circumventus traditionem fundi mei Mœvio feci ; si condemnatur Titius, X millia Sestertium solvet et damnum patetur, sed id tantum quod patrimonio meo abest recuperabo. Actio de dolo contra Titium est pœnalis sed mihi est rei persecutoria.

Alias sequitur regulas actionum pœnalium, id est, annalis, personalis reo et non contra heredes rei transeuns.

Est arbitraria, nam judex est satisfactionis arbiter, si reus jussui non satisfecerit, condemnatio erit in simplum et semper pecuniaria. Manu militari judicis jussus non potest executionem recipere quia impedimentum, proficiens ex abstentione rei est impedimentum juris. Quomodo enim qui promissionem recusat eum promittendi constringerimus.

In quo edicto actio de dolo tractatur hæc restrictio ponitur « si de his rebus alia actio non erit, » id est, actio de dolo malo competit cum omnes aliæ actiones desunt, hæc differentia est capitalis in titulo.

Merito prætor, ait Ulpianus, ita demum hanc actionem pollicetur si alia non sit, quoniam famosa. Actio non temere debuit a prætore decerni, si sit civilis vel honoraria quam possit experiri, usque adeo ut Pædius scribat : etiamsi interdictum sit quo quis experiri vel exceptio qua se tueri possit, cessare hoc edictum. Pomponius adjicit : et si stipulatione tutus est quis, eum actionem de dolo malo habere non posse, ut puta, si de dolo stipulatum sit.

Quin etiam si quis cum actionem civilem haberet vel honorariam in stipulatum deductam, acceptilatione vel alio modo sustulerit, de dolo experiri non poterit, quoniam habuit aliam actionem, et actio de dolo malo tantum competit si de his rebus alia actio non fuerit.

Sed objicitur cum hæ sententiæ comparantur restitutioni in integrum : Prætor in integrum restituit hominem dolo deceptum; hæc actio restitutionis in integrum in rem data competit contra possessorem ipsum qui dolo malo non fefellit, ideo quo modo actio de dolo malo erit utilis et etiam possibilis dum est restitutio in integrum?

Resolvitur difficultas et aliæ cum duobus principiis quæ ponuntur : 1° actio de dolo competit post omnes alias actiones, *sed communes inter easdem personas ;* 2° distinguitur dolus extranei et dolus contrahentis.

Si dolus malus procedit ab extraneo, tum possibile est et mihi interest restitutionem in integrum potius quam actionem de dolo agendi, tum vero actionem potius quam restitutionem, ita : Titius est dolosus et traditionem equi facio Sempronio ; Sempronius equum possidet ; recte agam de dolo contra Titium, nam nulla alia juris via contra illum mihi competit ut fiam indemnis ; sed si Titius non est in solvendo, condemnatio pecuniaria erit aut inutilis, si nil habeat aut damnosa si pro parte sit soluturus. Itaque potius erit agere contra Sempronium possessorem equi via restitutionis in integrum ut equi traditionem mihi faciat. Sed si Sempronius non est in solvendo et est Titius, meum commodum intervertitur ; tunc restitutio erit inutilis dum actione de dolo malo Titius me faciet indemnem.

Si dolus malus procedit ab ipso contrahente, duæ juris viæ aperiuntur : restitutio in integrum et actio de dolo malo, utraque contra eumdem ; actio de dolo distrahenda est non solum ob § 3 legis primæ de dolo malo, sed etiam propter commodum actoris. Quæritur quo casu actione de dolo utendum est ? Est unicus, si res tradita interiit. Prætor, offerens restitutionem in integrum, ponit in eodem statu juris quo ante rem traditam, sed non fingi potest rem traditam et exstinctam non fuisse traditam et exstinctam, ideo dici potest rem exstinctam restitui non posse. Ei contrario pretium rei recuperabo actione de dolo, et si reus non sit in solidum soluturus, tamen pro parte mihi pretium adjudicabitur.

Diversæ aliæ species in titulo libri Pandectarum proponuntur sed solutionem recipiunt ex distinctionibus nostris.

Ita Ulpianus (9) : Si quis adfirmavit minimam esse hereditatem et ita eam ab herede emit non est de dolo actio, cum ex vendito sufficiat. Enim actio de dolo post omnes alias actiones competit. Dabitur actio si mihi persuaseris, et hoc callide, ut hereditatem repudiam quasi minus solvendo sit, vel ut optem servum quasi melior eo in familia non sit.

Papinianus (19) : Si fidejussor animal ante moram occiderit, de dolo agi potest quoniam debitore liberato interitu corporis per consequentias ipse quoque dimittitur et nulla mihi competit seu ex stipulatu seu alia actio.

Denique Gaius (23) : Si legatarius cui supra modum legis falcidiæ legatum est, id est, quartam hereditatis partem, heredi adhuc ignoranti substantiam hereditatis, ultro jurando vel quadam alia fallacia persuaserit tanquam satis aliundeque ad solida legata sufficiat hereditas atque eo modo solida legata fuerit consecutus, datur de dolo actio.

———

TITULUS SECUNDUS.

Exceptio dolo mali.

Inst., lib. IV, titulus XIII, § 1. — Dig., lib. XLIV, titulus IV.

In eodem titulo Pandectarum doli mali et metus exceptiones tractantur, sed eadem differentia quæ actionem de dolo malo separat actione quod metus causa existit inter duas exceptiones scilicet : exceptio quod metus causa est in rem et exceptio doli mali est in personam.

Refert sciamus quando actio de dolo, quando exceptio doli competit : si mancipatæ rei meæ possessionem tradiderim, exceptio erit inutilis nam actoris personam sequor, mihi opus est actione, sin autem non tradiderim possessionem, opus mihi est tantum exceptione. Actio est aggressionis modus actori, omnis exceptio vero objicitur a reo.

Exceptio doli quæ plerasque figuras actionis de dolo inducit multum differt tempore, non enim finitur certo tempore, illa contrario semper competit. Hæc distinctio vera est et judiciosa. Actor quidem habet in sua potestate quando utatur suo jure. Is quidem cum quo agitur non habet potestatem quando conveniatur. Si annalis esset exceptio, non tueretur reum, nam post tempus præteritum esset sine defensione contra actoris aggressionem. Inde generaliter receptum est : quæ temporalia ad agendum perpetua sunt ad excipiendum.

Exceptio doli mali erat famosa et non opponebatur personis contra quas actio non dabatur, tum exceptio in factum competebat.

Stipulanti Titio promisisti quod non debueras, iniquum est te condemnari, ideoque datur exceptio doli mali aut in factum composita ad impugnandam actionem. Hæc est explicatio verborum tit. XIII, § 1, Inst. : si dolo malo inductus aut *errore lapsus.....*

Dolus malus procedit aliquando e facto litis, veluti si dominus vindicans rem suam non velit impensas utiles et necessarias solvere possessori bonæ fidei, exceptione doli repellebatur, nam dolosus erat.

DROIT FRANÇAIS.

CODE NAPOLÉON.

Du Dol et de la Fraude dans les contrats.

INTRODUCTION .

Les conventions sont les engagements qui se forment par le consentement mutuel de deux ou plusieurs personnes; les conventions ne devien-
nent des contrats que lorsqu'on s'est fait une loi de les exécuter.

Quatre conditions sont essentielles pour la validité d'un contrat :

Le consentement de la partie qui s'oblige ;

Sa capacité de contracter ;

Un objet certain qui forme la matière de l'engagement ;

Une cause licite dans l'obligation (art. 1108, C. N.).

Si les contrats manquent de ces caractères essentiels, par exemple, si
le consentement n'est pas donné avec connaissance et liberté, on les dit
viciés de nullités ; ainsi, c'est un vice dans la convention si l'un trompe
l'autre par quelque dol, quelque surprise, ou si celle-ci se trouve entachée
de fraude.

2

Ces deux mots *dol* et *fraude*, qu'on trouve souvent réunis, ont cépendant une signification différente.

Le dol est toute manœuvre artificieuse qui est de nature à surprendre, à entraîner, à subjuguer la volonté de quelqu'un, qui se trouve par là déterminé à faire quelque chose de préjudiciable à ses intérêts.

Chez les Romains, le dol était une finesse subtile par laquelle on trompait autrui, faisant autre chose que ce que l'on semblait faire; aussi distinguaient-ils le dol bon ou permis et le dol mauvais. En droit français, cette distinction n'existe plus, et le mot *dol* désigne toujours le dol mauvais.

La fraude est la mauvaise voie qui est concertée entre les contractants soit pour préjudicier de manière ou d'autre à des tierces personnes non présentes et non parties au contrat, ou à l'acte par lequel s'opère le dol, soit pour éluder quelque disposition prohibitive de la loi.

SECTION PREMIÈRE.

DU DOL.

CHAPITRE PREMIER.

Conditions du dol. — Différentes espèces de dol.

Pour que le dol existe, quatre conditions doivent être remplies : 1° Il faut que les manœuvres et artifices aient été de nature à faire illusion à la personne trompée. En effet, il ne peut être dû de dédommagement qu'à celui qu'une force majeure a seule entraîné; s'il y avait eu seulement imprévoyance, la loi ne pourrait venir au secours de l'imprudent; on ne devra pas, comme cela aurait lieu pour un cas de violence, examiner si les manœuvres étaient de nature à faire impression sur un esprit raisonnable, mais si elles étaient capables de tromper celui qui en a été victime.

2° Il faut que le dol ait été la cause unique et déterminante du consentement; ainsi, il serait impossible d'annuler un acte s'il était prouvé qu'indépendamment de toute manœuvre insidieuse le consentement n'en eût pas moins existé.

3° Il faut que le dol ait été commis par celui avec lequel on a contracté, car nul ne peut répondre que de sa faute; mais la partie lésée peut obtenir de l'auteur du dol la réparation du préjudice qu'elle éprouve.

La règle qu'une partie étrangère au dol ne peut être inquiétée souffre deux exceptions : quand elle avait connaissance du dol, et quand le profit lui vient de sa qualité ou de la loi, comme par exemple si quelqu'un était devenu héritier après une renonciation faite à la suite d'un dol.

4° Il faut qu'un préjudice ait été causé.

On voit que toutes ces conditions sont de pures questions de fait que le législateur ne pouvait réglementer, et qui sont abandonnées à la sagesse des tribunaux.

Le droit romain n'exigeait que deux conditions ; dessein de tromper et préjudice causé, *consilium fraudis et eventus damni*.

En présence de ces conditions essentielles à l'existence du dol, nous n'admettons pas la distinction de dol réel et de dol personnel, qui ne pouvait même exister chez les Romains, car le dol *re ipsà*, ou dol réel, manque du *consilium fraudis*, qu'Ulpien cite comme indispensable.

Nous diviserons le dol en substantiel et en accidentel : le dol substantiel est celui qui a pour objet de tromper sur une des conditions essentielles au contrat, en créant une erreur sans laquelle il est évident que l'autre partie n'aurait pas contracté. Le dol substantiel affecte donc le consentement, la capacité, l'objet certain et la cause, qui sont les quatre conditions essentielles à l'existence d'un contrat ; mais il est facile de se convaincre qu'en définitive c'est le consentement seul que le dol affecte. Dans tous les cas où la vérité connue eût mis obstacle au traité, on se trouve dans le cas prévu par l'art. 1116, et le dol est une cause de nullité.

Le dol accidentel affecte une des conditions accessoires du contrat : la qualité de la chose et le prix. Dans ce cas, l'on ne conteste pas la volonté de contracter ; seulement, on soutient que le contrat tel qu'il a été fait est moins avantageux et cause un préjudice à la partie plaignante.

Le dol sur la qualité de la chose cesse d'être accidentel et devient même substantiel, lorsque les défauts, une fois connus, eussent empêché le contrat, parce qu'alors il y a vraiment dol dans le consentement.

Le dol accidentel tombe sous l'application de l'art. 1382, qui déclare que chacun est tenu du préjudice causé à autrui par son fait.

On pourrait encore distinguer le dol direct et le dol indirect, le dol positif et le dol négatif.

Le dol direct est celui qui est imputable à la partie, le dol indirect est celui dont elle ne peut être accusée.

Le dol positif est celui qui contient une simulation active; il a lieu par paroles et par actions : par paroles, il ne suffit pas qu'il y ait eu une allégation mensongère, il faut que celle-ci se soit appuyée sur des documents vraisemblables. Le dol positif par actions est beaucoup plus facile à reconnaître.

Le dol négatif est celui dans lequel on tait et on dissimule un fait dont la connaissance eût empêché le contrat. Le point des réticences frauduleuses est une question de fait que les tribunaux devront apprécier. On trouve un remarquable exemple de dol négatif dans l'art. 348 du Code de commerce.

Le dol est ordinairement antérieur au contrat, mais il peut très-bien lui être postérieur, c'est-à-dire ne se manifester que dans les suites et l'exécution.

CHAPITRE II.

De la preuve du dol.

Avant d'étudier les effets du dol, il est bon de connaître les moyens de le prouver.

Tout d'abord, nous distinguerons le dol présumé et le dol non présumé.

Quoiqu'en général, la partie qui allègue le dol soit astreinte à prouver que son consentement n'a pas été libre, quelquefois, cependant, il arrive que la loi ait attaché une présomption de dol à certains faits dont la preuve une fois produite conduit à une présomption légale de dol. Dans ces cas, l'on dit que le dol est présumé. On trouve des exemples de cette espèce de dol dans les art. 1124, 472, 909 et 1965 du Code Napoléon, et dans l'art. 348 du Code de Commerce.

Les conventions souscrites par un incapable sont regardées comme la suite d'un dol commis à son égard par la partie avec laquelle il a concontracté. C'est là une suite naturelle de la disposition de la loi qui refuse aux interdits, aux mineurs et aux femmes mariées la faculté de donner un consentement valable.

Quant aux mineurs, il est facile de se convaincre que le dol présumé, plutôt qu'une incapacité proprement dite, cause la nullité de leur engagement. C'était bien ce que pensaient les jurisconsultes romains en posant la maxime : *Minor restituitur non tanquam minor sed tanquam læsus ;* et dans le droit français, l'article 1125 reconnaît au contrat dans lequel le mineur a été partie la même force à son profit que s'il était majeur, et présume que le majeur a spéculé sur l'inexpérience du mineur avec lequel il contracte, pour en abuser. Aussi l'incapacité de ce dernier a-t-elle plutôt pour résultat de l'empêcher d'être lésé que de l'empêcher de contracter; mais l'obligation ne doit pas être rescindée, par cela seul qu'elle a été contractée par un incapable; il faut encore, conformément à l'article 1305, qu'il y ait eu besoin.

Pour ce qui est du dol imputable au mineur, celui-ci en est responsable, comme de tout autre délit ou quasi-délit; mais il ne suffit pas qu'il y ait eu des réticences plus ou moins insidieuses, il faut qu'il ait employé des manœuvres susceptibles de faire croire à la vérité de ses assertions.

Les interdits sont assimilés aux mineurs, avec cette différence que leurs actes ne peuvent jamais être validés, puisque l'article 502 les déclare nuls de droit. Pour la nullité de l'acte, il n'est pas nécessaire que l'interdiction ait été prononcée, si les causes qui la motivent existaient notoirement lors de la formation du contrat.

La femme mariée peut contracter, mais seulement avec l'autorisation de son mari, ou, en certains cas, de justice. Privée de cette autorisation, elle est dans le même état d'incapacité que l'interdit.

Les autres présomptions de dol établies par le Code Napoléon et par le Code de Commerce sont moins importantes. Dans tous ces cas, une fois le fait auquel la loi a attaché une présomption légale de dol prouvé, l'acte est atteint par l'art. 1116 et doit être annulé ou donner lieu à des dommages-intérêts, comme nous le verrons plus tard.

Ainsi, l'article 472 du Code Napoléon prescrit différentes formalités qui doivent précéder tout traité intervenant entre le mineur devenu majeur et son ancien tuteur. Si ces formalités n'ont pas été remplies, le traité est nul, comme dolosif.

L'article 909 annule certaines libéralités comme n'étant pas le produit d'une volonté libre et spontanée ; de même, c'est parce qu'il suppose un dol que l'article 1905 refuse toute action pour les dettes de jeu.

L'article 348 du Code de Commerce dispose que toute fausse déclaration, toute différence entre le connaissement et le contrat d'assurance entraînera la nullité de ce dernier, supposant que celui qui cherche à tromper sur la valeur de la chose assurée commet un dol.

Le dol non présumé doit être prouvé. En effet, l'acte étant regardé comme l'expression sincère de la volonté des parties, le juge ne peut être amené à croire le contraire que par les preuves les plus convaincantes. De la position même des parties, il ressort que le porteur n'a rien à justifier ; c'est à celui qui attaque le titre soit dans son essence, soit dans ses qualités accessoires, à faire la preuve de ce qu'il avance, et la demande en rescision ou en dommages-intérêts peut-être repoussée sans que le défendeur ait aucunement entrepris de justifier la sincérité du titre.

Dans l'application, lorsqu'il s'agit de prouver le dol, s'élève la question de savoir si la preuve testimoniale peut être admise sans commencement de preuve par écrit, lorsqu'il s'agit d'une valeur supérieure à 150 fr.

Quelque absolus que soient les termes de l'art. 1341 du Code civil pour refuser le témoignage des hommes, on trouve cependant dans le Code même des exceptions à ce principe (art. 1348 et 1353). Une exception est donc possible pour le dol.

Au reste, le dol est tellement insaisissable dans sa marche, il peut si facilement faire illusion au plus habile sans laisser derrière lui de traces écrites, que bien souvent les dols et les fraudes resteraient impunis et échapperaient à une juste répression si les tribunaux se montraient trop exigeants pour l'admission de la preuve testimoniale.

Non-seulement on doit faire exception pour le dol à l'art. 1341 du Code Napoléon, mais encore c'est bien faussement qu'on cherche à en faire une application au dol ; pour s'en convaincre, il suffit d'examiner dans quelles circonstances le commencement de preuve par écrit, ou plutôt la réprobation du témoignage des hommes, a été introduit dans notre législation.

En droit romain, la preuve testimoniale était regardée non-seulement comme suffisante, mais encore comme indispensable. Longtemps il en fut de même en France où, dans l'ancien droit, on avait accepté la maxime : *Témoins passent lettres.*

Ce fut seulement en 1566 que, voulant remédier aux inconvénients remarqués dans la preuve des contrats faite par témoins, Charles IX édicta que les actes sur une valeur excédant cent livres fussent toujours passés par écrit, sans en aucun cas permettre les preuves par témoins, outre le contenu aux actes, ni sur ce qui serait allégué avoir été dit avant, pendant et après. Cet édit, appliqué aux obligations par l'ordonnance de 1667, est passé dans notre Code, où il forme la disposition de l'art. 1341.

On comprend facilement que ce qu'ont recherché les auteurs de l'ordonnance et de l'édit, c'était de faire déterminer aux parties leurs intentions d'une manière plus exacte; mais dans le cas de dol, ce n'est pas l'intention que l'on cherche à reconnaître, c'est plutôt l'absence de tout consentement légal, et la partie qui se plaint du dol était dans l'impossibilité de s'en procurer une preuve écrite.

Il est donc clair que la preuve testimoniale doit être admise, même sans commencement de preuve par écrit, pour le dol antérieur au contrat ; mais il n'en est pas de même quand il s'agit du dol postérieur. En effet, si le contrat a été dans l'origine l'expression sincère de la volonté libre des parties, il doit être exécuté, et celui qui se plaindrait du dol postérieur de son adversaire, par exemple dans le cas où la non exécution aurait été stipulée sans écrit, serait en faute, et ne pourrait recourir à la preuve testimoniale seule.

Les juges ne sont pas obligés d'admettre la preuve testimoniale en matière de dol toutes les fois qu'elle est offerte. Ils ne l'accorderont qu'à celui qui, exposant nettement les faits, spécialisera les manœuvres qui l'ont trompé. Après avoir apprécié l'importance des griefs, le juge en ordonnera la preuve si les faits articulés sont pertinents et admissibles, c'est-à-dire si une fois prouvés ils doivent démontrer l'existence du dol imputé. Ce sera là une question de fait, de même que l'appréciation de la preuve qui peut être jugée suffisante, quoique faite par un seul témoin.

Dans tous les cas où la preuve testimoniale est admissible, la preuve par présomption l'est également, mais toujours comme question de fait, sans qu'il soit nécessaire de deux présomptions ou de trois présomptions, comme l'ont enseigné certains auteurs.

CHAPITRE III.

Des effets du dol dans les contrats.

On distingue un grand nombre de contrats tels que vente, échange, louage, prêt, dépôt, etc.; l'effet du dol dans chacun de ces contrats étant identique, nous n'examinerons que les principes généraux qui les dominent tous, sans faire d'applications.

L'art. 1116 déclare nul tout acte entaché de dol, ou plutôt du dol que nous avons appelé substantiel; la rescision sera ici d'autant plus nécessaire que le dol a été la cause unique et déterminante de l'obligation.

On ne pourra plus faire l'application de cet article dans le cas où le dol sera seulement accidentel; il n'y aura donc pas lieu à la rescision, mais plutôt à des dommages-intérêts, en vertu du principe qui veut que celui qui a causé à autrui un préjudice quelconque soit obligé à le réparer (art. 1382).

Ainsi, règle générale : le dol substantiel donne lieu à l'action en nullité ou rescision, et le dol accidentel à l'action en dommages-intérêts; mais il peut arriver que la partie victime d'un dol substantiel ait plus d'intérêt à faire maintenir l'acte, en bornant la réparation du préjudice qu'elle éprouve à une simple demande de dommages-intérêts, ou au contraire, dans le cas de dol accidentel, que la partie ait droit à la rescision si le dol sur la qualité de la chose et sur le prix a tellement trompé le demandeur que sans lui il n'eût pas contracté. L'action en dommages-intérêts pourra donc quelquefois être intentée contre le dol substantiel, et l'action en nullité contre le dol accidentel, avec cette différence seulement, qu'au cas de dol substantiel l'action en dommages-intérêts ne pourra être repoussée sous prétexte de nullité de l'acte, et qu'au cas de dol accidentel l'action en nullité pourra être remplacée par de simples dommages-intérêts, même contre le gré du demandeur.

Le dol substantiel indirect ne donne lieu à la rescision que dans le cas où le tiers détenteur a traité à titre gratuit. Le dol accidentel indirect ne donne jamais lieu à dommages-intérêts.

§ 1. — *Action en nullité ou rescision.*

Les mots nullité et rescision sont employés indifféremment et regardés comme synonymes depuis 1790, où il fut décidé que les actions en nullité et en rescision seraient intentées de la même manière.

En général, nullité désigne un vice qui empêche l'acte de produire aucun effet. On doit distinguer deux espèces de nullités, la nullité de plein droit et la nullité par voie d'action.

La nullité de plein droit existe par la seule force de la loi : l'acte radicalement nul n'a jamais pu se former et n'est susceptible d'aucune exécution ; au contraire, l'acte sujet à rescision peut être maintenu par les juges, qui apprécieront ses conséquences dans l'intérêt des deux parties. Il est évident que la nullité de l'art. 1116 est de la seconde espèce. En effet, le contrat ne manque d'aucune des qualités essentielles, le consentement, quoique extorqué, n'en est pas moins un consentement ; l'obligation subsiste jusqu'à sa rescision, elle est même susceptible d'une exécution provisoire.

L'action en nullité appartient à celui qui se plaint d'un dol substantiel, mais cette action n'est pas tellement personnelle que les héritiers ne puissent l'intenter, pourvu qu'ils le fassent dans les délais de l'art. 1304 ; leur demande pourra être repoussée par les mêmes exceptions qui auraient pu être opposées à leur auteur ; comme, par exemple, les exceptions de chose jugée, de ratification et de prescription.

Les créanciers eux-mêmes pourraient intenter cette action, et de deux manières bien différentes : 1° aux termes de l'art. 1166, ils exerceraient une action qui appartient à leur débiteur ; 2° ou aux termes de l'art. 1167 ils attaqueraient un acte fait en fraude de leurs droits ; toutefois, en exerçant cette seconde action, ils seraient obligés de prouver la collusion frauduleuse de leur débiteur.

La nature de la réparation, soit par voie de rescision, soit par voie de dommages-intérêts, est au choix de la partie qui prouve avoir été victime d'un dol substantiel.

L'effet de la rescision est de mettre les parties dans l'état où elles étaient avant la formation du contrat ; mais si celui qui a commis le dol, ainsi que cela arrive le plus souvent, s'était empressé d'aliéner la chose afin de rendre plus difficile la découverte de son délit, le propriétaire, s'appuyant sur ce principe que nul ne peut être dépouillé de sa chose sans son libre consentement, aurait le droit de revendication. Du reste, le tiers détenteur ayant acquis *à non domino,* la vente est complétement nulle, aux termes de l'art. 1599.

Le droit de revendication se justifie parfaitement contre les possesseurs de meubles et d'immeubles ; mais son application facile pour ces derniers devient impossible pour les meubles, en présence des termes de l'article 2279.

En fait de meubles, la possession vaut titre, c'est-à-dire que celui qui possède n'a pas besoin d'autre titre que sa possession même, qu'il était

3

bien fondé à croire son vendeur seul et véritable propriétaire, et que n'ayant
à se reprocher aucune négligence, il ne peut souffrir de la revendication.

Ce texte s'applique-t-il à toute espèce de meubles? Nous ne saurions
le croire. Il est évident qu'il ne s'agit ici que des meubles qui sont susceptibles d'une tradition manuelle transférant la propriété; les meubles
corporels et ceux des meubles incorporels qui peuvent y être assimilés,
comme les billets au porteur; mais cet article n'a pu comprendre dans
sa disposition les meubles incorporels, comme les droits de créance, dont le
transport est régi par un texte spécial, les articles 1689 et suivants. Alors
la possession du titre ne prouve absolument rien; la cession qui serait
faite *à non domino* est aussi nulle que le serait une vente d'immeuble, et
la revendication peut parfaitement avoir lieu.

Pour faire triompher le principe de la revendication, on avait employé
cette objection, puisée dans la suite de notre article, que le dol et l'escroquerie étant des espèces analogues au vol, sont nécessairement comprises
dans ce terme générique, et on trouvait par ce moyen un délai de trois
ans, à partir de l'instant où elle s'était dépouillée de sa propriété, accordé
à la partie victime du dol pour revendiquer son meuble.

Mais il faut soigneusement distinguer entre l'escroquerie et le dol d'une
part et le vol proprement dit de l'autre, car dans les premiers le propriétaire avait lui-même consenti à l'aliénation de sa chose et à l'établisse-
ment de l'obligation; ce n'est que plus tard, revenant sur son imprudente
confiance, qu'il voudrait rendre les tiers responsables de sa faute. Au contraire, dans le cas de vol, c'est sans son consentement et par suite d'une
voie de fait que la chose a changé de main, la propriété n'a pu être
transférée un seul instant; aussi l'article 2279 assimile-t-il dans sa seconde
partie les choses perdues aux choses volées.

Le législateur se trouvait placé entre les deux extrêmes, soit de consa-
crer la spoliation du vol, soit d'entraver toutes les transactions, en per-
mettant trop facilement la revendication. Il n'a pu hésiter un seul instant,
et ce serait aller contre sa pensée que d'étendre par analogie son exception au delà du terme qu'il a employé. L'interprétation que nous propo-
sons satisfait seule toutes les exigences : il y aura lieu à la revendication contre le tiers détenteur si les objets ont été perdus ou volés,
dans toute la rigueur du terme, c'est-à-dire si jamais, pendant un seul
instant, le propriétaire n'a pu croire transférer la propriété. Par ailleurs,
le tiers sera à l'abri de toute revendication si la propriété a été transmise,

si la tradition a été faite avec intention d'aliéner, quelles qu'aient été les manœuvres qui ont amené le propriétaire à faire ainsi la tradition.

Ce serait inutilement que le tiers détenteur se retrancherait derrière les termes de l'article 2279, s'il était de mauvaise foi, puisqu'alors il serait complice du dol; mais il faudrait prouver le concours frauduleux entre celui qui a employé le dol et le tiers détenteur, car la présomption de bonne foi le mettrait à l'abri.

De tout ce que nous avons dit sur l'art. 2279, il résulte que celui qui possède un meuble de bonne foi ne peut craindre d'être inquiété dans sa jouissance que pendant trois ans, et seulement si la chose avait été perdue ou volée, et qu'après ce délai et hors ces cas spéciaux il ne doit redouter aucune éviction, quelque répréhensibles que soient les moyens employés par son auteur pour arriver à la possession de cette chose.

L'action en rescision pour dol doit être poursuivie contre l'auteur même du dol, et jamais contre le tiers détenteur ; mais il sera bon de mettre celui-ci en cause, puisque, ayant le droit d'intervenir dans l'instance, il pourrait se porter tiers opposant au jugement, s'il le croyait préjudiciable à ses intérêts.

§ 2. — *Action en dommages-intérêts.*

L'action en dommages-intérêts est offerte à celui que le dol a trompé. Pour autoriser l'ouverture de cette action, il suffit qu'il existe un préjudice.

L'action en dommages-intérêts est ouverte dans quatre cas : 1° contre le dol accidentel ; 2° contre le dol substantiel, quand la rescision est impossible ou préjudiciable au demandeur ; 3° contre le dol substantiel, quand la rescision n'est pas suffisante pour l'indemnité du demandeur ; 4° contre le dol indirect.

Les tribunaux auront, dans leur sagesse, à fixer le montant de l'indemnité; ils prendront soin de la proportionner aux conséquences du dol, mais aucune mesure ne leur est imposée, comme cela avait lieu dans le droit romain.

Lorsqu'il s'agit d'évaluer les dommages-intérêts dus à cause du dol, il faut soigneusement distinguer entre les art. 1150 et 1151 du Code Napoléon.

En effet, les dommages-intérêts sont accordés de deux manières

bien distinctes, dans le cas de faute simple et dans le cas de mauvaise foi et de dol. Dans le cas de faute, lorsque par exemple le contrat n'a pas été exécuté, les dommages-intérêts qui n'ont pas été sti-
pulés sont regardés comme une clause tacite du contrat et ne doivent s'éle-
ver qu'aux suites clairement prévues lors de la formation de l'acte (1150);
tandis que lorsqu'il s'agit de dol, on doit se montrer beaucoup plus sévère. Il n'y a plus à rechercher quelle a été l'intention probable des
parties, ni dans quelle prévision ils avaient le préjudice possible; le
débiteur coupable de dol doit, par ses dommages-intérêts, remplacer
toute la perte subie par le créancier et tout le gain dont celui-ci a été
privé, qui étaient une suite directe et immédiate de l'obligation (1151).

Ainsi, par exemple, un individu vend un cheval sans savoir qu'il est
atteint d'une maladie contagieuse, l'acheteur le place au milieu d'autres
chevaux qui périssent comme lui, la réparation se borne à la restitution
du prix et aux frais du contrat; dans l'ignorance du mal et des ravages
qu'il pourrait causer, les parties n'ont pas porté plus loin leurs prévisions.
Si le vendeur connaissait la maladie contagieuse dont son cheval était atteint, il devra en outre payer le prix des autres chevaux qui ont péri, et
même le préjudice causé à l'acquéreur par la privation de ses bestiaux,
mais sans entrer dans des considérations plus éloignées, et qu'il aurait
été facile d'étendre jusqu'à l'infini : c'est cette suite de préjudices causés
tous les uns par les autres que l'art. 1151 a voulu empêcher, plutôt que
limiter les conséquences du dol.

Souvent la loi elle-même a fixé le montant des dommages-intérêts, mais
les tribunaux ne sont pas tellement liés qu'ils ne puissent quelquefois ad-
juger des dommages-intérêts plus considérables.

Ainsi, l'art. 1153 n'accorde des dommages-intérêts pour le retard dans
le paiement d'une somme que des intérêts fixés par la loi, et à partir du
jour de la demande. Le motif évident de cet article est un accord tacite
entre le débiteur et le créancier. Cette présomption cesserait si le créancier prouvait que c'est par suite d'un dol qu'il a retardé l'exercice de son
action, et les tribunaux pourraient faire courir les intérêts d'un autre
point de départ antérieur.

De même les dépens, qui sont la peine des procès téméraires, ne sont
pas quelquefois suffisants pour punir la mauvaise foi et un dol flagrant.
Bien souvent les tribunaux ont en outre adjugé des dommages-intérêts
très-considérables et en sus des dépens.

L'action en dommages-intérêts ne peut atteindre que l'auteur du dol; le possesseur, s'il est de bonne foi, sera à l'abri des poursuites; sa mauvaise foi le rendrait complice et responsable.

On peut poser comme incontestable le principe de la solidarité entre les auteurs et complices du dol; cependant celle-ci devra être prononcée par les tribunaux, autrement la dette se diviserait par portions égales entre les débiteurs.

Les dommages-intérêts emportent la contrainte par corps quand ils sont supérieurs à 300 fr., pourvu que celle-ci ait été prononcée dans le jugement, lorsque l'âge, l'état et la qualité des personnes le permettent.

Quant à l'héritier, il ne peut être responsable du dol de son auteur que pécuniairement, et pour le paiement il est à l'abri de la contrainte par corps.

Les actions en nullité et en dommages-intérêts contre les actes entachés de dol se prescrivent l'une et l'autre par dix ans. Quoique l'art. 1304 ne pose de prescription que pour les actions en nullité, la prescription est un mode de ratification tacite à laquelle l'action en dommages-intérêts ne peut survivre. Si le dol crée deux actions, elles n'ont du moins qu'une seule cause, et la prescription, qui efface le dol, atteint tous les droits créés par lui.

SECTION II.

DE LA FRAUDE.

De la définition même qu'après Toullier nous avons donnée de la fraude, il résulte que l'on doit distinguer deux espèces de fraude, la fraude contre les tiers et la fraude pour éluder la loi appelée *simulation*.

CHAPITRE PREMIER.

De la fraude contre les tiers.

Le mot *tiers* n'embrasse pas seulement les créanciers, mais encore, dans certaines circonstances, la femme, les enfants, les parents successibles de l'auteur de la fraude. L'article 1167, qui ne parle que des créanciers, doit s'entendre également de ces autres personnes, ainsi que cela résulte de la rubrique du chapitre dans lequel il est placé.

L'action révocatoire de l'article 1167 doit son origine au préteur Paul, qui lui a donné son nom. L'action du droit français est plus étendue que ne l'était chez les Romains l'action Paulienne, puisqu'elle place dans la catégorie des actes qui y donnent lieu ceux mêmes par lesquels le débiteur refuse d'augmenter son patrimoine. Elle applique sa disposition sur le principe que les créanciers peuvent compter pour leur remboursement aussi bien sur les biens à venir que sur les biens présents de leur débiteur, et que celui qui renonce à une succession aliène un profit qui lui appartient.

§ 1. — *Conditions de l'action révocatoire.*

Pour l'exercice de l'action Paulienne, quatre conditions sont nécessaires : 1° Il faut avoir été créancier réel et sérieux à l'instant où l'acte a été passé; 2° il faut prouver l'insolvabilité du débiteur; autrement, s'il n'y avait pas insuffisance de biens, il ne saurait exister de préjudice; 3° il faut prouver la fraude du débiteur, car celui-ci a toujours conservé la libre disposition de ses biens, et souvent il a pu consentir une vente sans avoir aucune pensée de fraude; 4° il faut, si l'acte a été à titre onéreux, prouver la complicité de l'acquéreur, car il mérite les mêmes égards que les créanciers.

Le principe de cette action Paulienne réside dans un engagement formé sans convention, par lequel les tiers qui ont contracté avec le débiteur se sont engagés envers les créanciers. Cela est si vrai, que le débiteur ne pourrait attaquer son aliénation, même par l'organe d'un créancier imaginaire, et que l'acquéreur pourrait se mettre à l'abri en désintéressant le créancier.

L'action est purement personnelle et elle dérive d'un quasi-délit. Elle appartient à tous les créanciers qui éprouvent un préjudice, chirographaires et hypothécaires.

§ 2. — *Preuve de la fraude contre les tiers.*

L'admission de la preuve testimoniale est une conséquence forcée de l'article 1167; les tiers ne contestent que la sincérité de l'acte, sans vouloir attaquer ici son existence ni son contenu.

Souvent la preuve n'a pas besoin d'être faite. Il est des cas où la loi a établi une présomption de fraude ; ainsi, la fraude du débiteur est présumée lorsqu'il aliène ses biens au détriment de ses créanciers, ayant lui-même la conviction de son insolvabilité. Celui qui a traité avec lui peut-avoir été de bonne foi ; mais si l'insolvabilité du débiteur était notoire, on croira facilement à la fraude. Il y aurait encore présomption de fraude si le débiteur se dépouillait à titre gratuit de ce qu'il possède, si, par exemple, il dispose de ses biens par donation ou renonce à une succession qui lui offre un avantage certain.

En matière commerciale, la loi a été beaucoup plus sévère qu'en matière civile, et l'article 446 établit plusieurs présomptions de fraude.

Lorsque la présomption ne résulte pas de la loi, les parties retombent dans le droit commun ; on devra alors chercher la solution dans les présomptions ordinaires qui guident les magistrats, et parmi lesquelles nous remarquerons :

L'aliénation de tous ses biens, surtout si le débiteur ne pouvait fournir l'emploi des ressources qui lui sont ainsi parvenues ; la qualité des parties, comme la parenté, l'amitié, en un mot tout ce qui peut faire croire à une supposition de personnes ; la rétention de la possession si le vendeur avait conservé la possession de la chose, on serait amené à croire que l'acquéreur qui a acheté pour ne pas jouir n'a pas fait une opération sérieuse ; l'exécution occulte et clandestine qui prouve aussi une ruse, un mensonge ; la vente à vil prix, qui, détournant une partie de l'actif de leur débiteur, autorise les créanciers à lui demander compte de cette soustraction.

Tous les contrats qui peuvent causer un préjudice aux créanciers et qui ont été souscrits en cette intention sont annulables par l'action Paulienne.

CHAPITRE II.

De la simulation.

Ainsi que nous l'avons vu, le dol et la fraude entraînent infailliblement la nullité du contrat qui en est vicié ; la simulation, au contraire, n'est pas toujours illicite, elle est même, dans certains cas, incapable d'empê-cher la convention de recevoir son exécution pleine et entière.

La simulation n'est que le déguisement de la vérité, c'est à elle que pourraient s'appliquer les paroles de Servius : *cum aliud agitur et aliud simulatur.*

La simulation est absolue ou relative : absolue quand les parties n'ont absolument voulu rien faire, relative quand les parties ont formé un en-gagement sous la forme d'un autre, comme, par exemple, quand elles ont déguisé une donation entre-vifs sous la forme d'un contrat à titre oné-reux.

La simulation n'est pas toujours défendue ; ainsi, il est permis de dé-guiser une donation entre-vifs sous la forme d'un contrat à titre onéreux, de déguiser une vente sous la forme d'un échange, et réciproquement. Alors les parties sont présumées avoir répudié les avantages que leur fai-sait une certaine espèce de contrat pour adopter de nouvelles conditions ; mais il est impossible d'admettre que l'on puisse, par ce moyen, préjudi-cier aux droits des tiers ni frauder la loi.

On dit qu'il y a fraude contre la loi lorsque, par le déguisement auquel on a eu recours, la loi ne doit pas recevoir sa pleine, franche et loyale exécution. Du moment où la fraude est dévoilée, elle doit être com-damnée à la plus rigoureuse impuissance, et la convention sera censée n'avoir jamais existé.

L'unique difficulté en cette matière a lieu par rapport au mode selon lequel la fraude doit être prouvée. D'abord les tiers n'ont pu se procurer de preuve écrite, ils ont toujours le droit d'établir et de prouver la fraude par temoins ; mais la partie pourrait-elle prouver ainsi son propre fait ? Ici une distinction est nécessaire ; en effet, toutes les prescriptions légales ne sont pas sanctionnées au même titre. Il y a nullité d'ordre public et nullité d'intérêt privé. Celui qui ne s'est pas procuré une preuve écrite de sa fraude est censé avoir renoncé au bénéfice de la seconde ; mais quant à la nullité d'ordre public, il ne pouvait aliéner ce qui ne lui ap-partenait pas.

DROIT COMMERCIAL.

De la banqueroute frauduleuse.

L'art. 437 du Code de Commerce porte : Tout commerçant qui a cessé ses paiements est en état de faillite. Il faut donc, pour être déclaré en état de faillite : 1° être commerçant; 2° cesser ses paiements.

L'état d'insolvabilité du débiteur non commerçant est régi par la loi civile, et a reçu le nom de *déconfiture*.

On a cru qu'il fallait considérer le failli non comme un coupable, non comme un innocent, mais comme un débiteur dont la conduite exigeait un examen rigoureux et une solide garantie. Il existe un délit, puisqu'il y a eu violation d'engagements et de propriété. Celui qui a commis ce délit peut y avoir été conduit par le malheur, par l'inconduite ou par la mauvaise foi. Si c'est par le malheur, il doit être protégé; si c'est par inconduite, il doit subir une correction; si c'est par fraude, il doit être livré à toute la sévérité de la justice criminelle.

Lorsque c'est à la suite d'une inconduite ou d'une fraude que le débiteur commerçant aura cessé ses paiements, il pourra être poursuivi devant les tribunaux correctionnels pour délit de banqueroute simple, ou devant les tribunaux criminels pour crime de banqueroute frauduleuse.

Le Code de 1808 énumérait les différents faits qui entraînaient contre le failli une poursuite de banqueroute frauduleuse, et les divisait en deux catégories, selon qu'ils devaient ou pouvaient entraîner ce crime. La loi nouvelle n'a reproduit ni cette énumération, ni cette distinction ; elle a

4

compris dans une définition générale tous les cas de dissimulation ou de fraude, en abandonnant à la sagacité des magistrats et des jurés l'appréciation de la moralité des faits particuliers reprochés au failli.

Sera déclaré banqueroutier frauduleux tout commerçant failli qui aura soustrait ses livres, détourné ou dissimulé une partie de son actif, ou qui, soit dans ses écritures, soit par des actes publics ou des engagements sous signature privée, soit par son bilan, se sera frauduleusement reconnu débiteur de sommes qu'il ne devait pas (C. Com., 591).

La poursuite a lieu par le ministère public, soit d'office, soit sur la plainte du syndic ou des créanciers.

La banqueroute frauduleuse est punie de la peine des travaux forcés à temps (Code Pénal, art. 402). La tentative est punie comme le crime.

Le banqueroutier frauduleux ne peut obtenir de concordat ; celui qu'il aurait obtenu précédemment doit être annulé (C. Com., 502). Il ne peut être déclaré excusable (540), ni être jamais réhabilité (612).

QUESTIONS.

Droit romain.

1º Concilier l'action *De dolo malo* et la restitution en entier pour cause de dol.

2º Concilier la loi 20, § 1, *De dolo malo,* avec la loi 25.

3º Concilier la loi 19, *De dolo malo,* avec la loi 32, § 5, *De usuris,* et la loi 88, *De verborum obligationibus.*

Droit Français.

1º Quand il s'agit de prouver le dol, peut-on recourir à la preuve testimoniale sans commencement de preuve par écrit? Oui.

2º L'art. 2279 accorde-t-il à celui qui a été victime d'un dol ou d'une escroquerie un délai de trois ans pour revendiquer? Non.

3º La prescription de l'art. 1304 peut-elle s'appliquer à l'action en dommages-intérêts pour cause de dol accidentel? Oui.

4º Peut-on quelquefois être admis à prouver sa fraude à soi-même, sans commencement de preuve par écrit? Oui.

Droit Commercial.

En cas d'acquittement du crime de banqueroute frauduleuse, la masse qui se sera portée partie civile n'aura-t-elle pas à supporter les frais? Non.

ERNEST CAROUGE.

Rennes, 22 novembre 1854.

Vu pour l'impression,
Le Doyen, H. RICHELOT.

www.ingramcontent.com/pod-product-compliance
Lightning Source LLC
Chambersburg PA
CBHW060518200326
41520CB00017B/5097